EL MES DE LA BRUMA

El mes de la bruma

ANDREA AGUIRRE
RUBÉN ROMERO SÁNCHEZ

RiL editores

El mes de la bruma
Primera edición: noviembre de 2024

© Andrea Aguirre, 2024
© Rubén Romero Sánchez, 2024

RIL® editores
Sede Santiago de Chile: Los Leones 2258 • cp 7511055 Providencia
☾ (56) 22 22 38 100 • ril@rileditores.com • www.rileditores.com

Sede Valparaíso: Cochrane 639, of. 92 • cp 2361801 Valparaíso
☾ (56) 32 274 6203 • valparaiso@rileditores.com

Sede España: europa@rileditores.com

Diseño y composición: RIL® editores
Imagen de cubierta: Boston Public Library

Impreso en España • *Printed in Spain*

ISBN: 978-84-10248-30-4
Depósito Legal: B 19808-2024

Hablaremos esta tarde de nosotros y de los pájaros

PAUL ÉLUARD

I. El libro de Verónica y Harold

Primera parte:
Groenlandia

A través de desiertos,
las junglas y los bosques
quizás te encuentre alguna vez

BERNARDO BONEZZI
(LOS ZOMBIES), *GROENLANDIA*

HAROLD AMA A VERÓNICA Y ELLA LO SABE

Verónica tiene las manos pequeñas.

Este es un hecho que no le importa mucho,
pero a veces es difícil abarcar
todas las cosas importantes por hacer
con un cuerpo tan escaso
y la mente tan abarrotada
de incógnitas.

Lee a Hidalgo Caraballo en el sofá
acurrucada en su burbuja de sílfide exhausta
y el después se torna en para nunca
y no hay nada que desvíe su camino
hacia la bruma insolente de estas páginas.

Harold, mientras tanto,
acelera su ritmo de titán infatigable
y extiende una alfombra de musgo
que brota como en la piedra
bajo el cuerpo fatigado de Verónica;
de este modo,
la tersura natural de su contacto
calma sus huesos endebles
y entumecidos.

Nadie ha visto jamás tal evidencia
de un amor que,
como un Fénix,
renace tan robusto de todas las cenizas,

un amor que es capaz de hacerle frente
a la amargura dócil del fracaso
y al desconsuelo firme
de la pérdida.

Sabed que Harold amó a Verónica desde antes de saber que existía.

Nació con él una suerte de amor inconcebible profundo como la raíz de un roble centenario que se resistiera a ser arrancada.
Que ese amor yacía tan dentro de Harold que este ignoraba que cual nube del cielo de él formaba parte,
y que si él alguna vez moría, el amor también moriría con él.

Pero Harold sobrevivió al mar y a su locura, y arrastró cadenas que no podréis imaginar y en sus brazos hoy fuertes aún resuenan esas marcas.
Venció al ocaso que devora niños guarecido entre zarzas quemadas por las lindes, nunca sabréis de aquellos días, Harold odia su deseo de perpetuarlos.
Pero os digo yo que existieron, y que Harold añora el tiempo en que tuvo una madre y era conocido por su padre, sabed también que a veces llora.

Así pues contad por los caminos que Harold amó a Verónica desde antes de saber que existía,
contad que nació con una suerte de amor inconcebible a ella predestinado,
y decid al fin si puede la tristeza morada hacer de su corazón.

Si puede del cielo robar una a una las estrellas.

Se alzaron murallas sobre flores azules.
Sobre antiguos alfabetos que contenían las canciones
casi olvidadas.
Harold vertía la lluvia en todo cuanto amaba, pero no
era suficiente.
Déjalo marchar antes de que aprendas a añorarlo, y
parecía sencillo.

Como aguas estancadas entre juncos y amapolas,
nubes y ceniza,
se alzaba la agreste conciencia de la finitud.
Así la tierra erosionando las manos que eran bruma.

No queráis saber qué estaría Harold dispuesto a
rechazar,
las noches en que fue invencible un solo instante,
la luna en septiembre del mal hombre,
cada canción que los niños podrían haber aprendido.

Algo oscuro crece y aún no existe de nombrarlo la
forma.
Podéis apostar a que Harold lo intuye, lo sabe, lo
alimenta.
Déjalo marchar antes de que aprendas a añorarlo,
parecía sencillo el modo de perder, volver íntegro y
puro tras la batalla.

Pero los pájaros comían las migas del sendero,
y no existió el hogar, ni lo absoluto.

Harold vertía la lluvia en cuanto amaba pero tuvo que dejarlo marchar, tuvo que aprender a reconocer el amor.

Solo si habéis visto la nieve podréis creer en dios,
decía Hidalgo Caraballo,
un día escribí un poema sobre eso, sobre la nieve y la
esperanza.

Harold nunca interrumpía a pesar de que las pausas de
Hidalgo Caraballo eran largas como el invierno.

La nieve es la pureza que nos muestra el cielo,
continuaba,
nos dice que no estamos solos, que el miedo es necesario
pero no la cobardía, que nada se consigue con la espera.

Harold trataba de retener las palabras, en casa después
apuntaba lo que él consideraba la verdad.

¿Hay belleza en la verdad, como escribió Keats?,
le preguntó, cigarro en mano y los ojos derramados en
abismos.

Hidalgo Caraballo siempre sonreía, igual que Clara
Bow, sus pestañas eran precipicios.
Lo bello es siempre triste y verdadero, garabateó
Harold en el suelo de su habitación dos horas después.
Triste porque la belleza es efímera,
Verdadero porque no hay más verdad que aquello que
conmueve.

Hidalgo Caraballo fumaba tabaco negro en delicadas
boquillas.
Era ciertamente hermoso sentirse invulnerable.

Esta es la clave del asunto. La descubrió en una ocasión en que no supo contestar a una pregunta sencilla: ¿para qué?, le interpelaba una persona. E Hidalgo Caraballo permaneció en silencio, un silencio largo y detenido. Y encontró, por fin, la solución a toda su tragedia existencial: hacer, decir y amar todas las cosas que no tengan respuesta a esa pregunta.

Verónica tuvo varios novios antes de conocer a Harold. Los recuerda a todos con cariño, excepto a dos: el novio estúpido y el novio cruel.

El novio estúpido gritaba demasiado y daba portazos atronadores y golpes airados sobre los muebles. Odiaba con fiereza no tener razón. Tenía una voz hermosa y penetrante, pero se volvía áspera y corrosiva cuando se enfadaba. Compartían una buhardilla minúscula en la que no había espacio para el futuro.

Una de aquellas veces, Verónica tuvo que viajar a otra ciudad a visitar a un médico especialista en dolores crónicos. Cuando regresó, encontró unos pendientes ajenos sobre la mesilla de noche. El novio estúpido pensaba que eran de Verónica, y allí los había colocado con cuidado al encontrarlos mientras borraba las huellas de sus mentiras; pero una vez más estaba equivocado.

El novio cruel era atractivo y astuto. Sabía conversar sobre todas las cosas. Con frecuencia la llamaba por teléfono de madrugada para saber qué estaba haciendo durante aquellos innumerables días que no pasaban juntos. Algunas veces, se presentaba sin avisar en casa de Verónica con unas copas de más y le exigía sus caricias con diligencia. No le gustaba que ella comiera demasiado y, hubo una vez que, incluso, la hizo sangrar y nunca pidió perdón. El novio cruel ensució a Verónica sin permiso, como si fuera ella un fértil territorio que él debía marcar con impaciencia salvaje.

Una noche interminable, el novio cruel se tumbó sobre el cuerpo frágil de Verónica y dijo *silencio* posando el dedo sobre sus labios esquivos y con la mano tapándole la boca quiso ser el dueño que habitase su carne de muñeca entumecida.

Verónica tuvo otros novios. Algunos supieron ser amables. Pero nunca escucharon a los grillos ni supieron comprender el secreto de los pájaros.

El día que Verónica conoce a Harold, una parte de ella está tan rota que como un perrillo maltratado se aleja bruscamente cuando él se acerca para acariciarla.

Pero entonces ella observa sus ojos, su mirada de hombre delicado, y se ríen juntos de sí mismos y de la vida, y hablan de pájaros y de grillos y de canciones antiguas y ella sabe, sin la crudeza de la incertidumbre, que por fin dejará de sentir tanto miedo.

Qué queda después de tanto derrumbe,
cuando el dragón se marcha y Verónica
aferrada al suelo dibuja gaviotas en las cicatrices.
Qué queda después del incendio,
después de garabatos de sangre en el lomo del dragón,
después del asco, la culpa, la infancia.

No habrá almena tan alta para guardarnos,
no habrá ríos de cauce sinuoso, ni deriva.
No habrá promesas.
Qué queda después de tanto silencio.

En la radio suena el blues del pescador,
los chicos del agua susurran a Verónica y sus manos
tiemblan,
empuñan el lápiz y tienden puentes, dibujan escalas,
confían en la verdad de los atardeceres.

Qué queda después del derrumbe,
le preguntarán entonces.
Ella sonreirá
mientras calienta el té
en la lumbre encendida
con el fuego del pecho del dragón.

Duerme, rayo de guerra, guarda tu ira para un final feliz,
que Hidalgo Caraballo contempla en la noche el cielo profundo como el dolor de la madre que nunca será.

Duerme, rayo de guerra, expatría tu semblante fiero,
que a Hidalgo Caraballo una lágrima el rostro le desciende igual que la caricia del bebé que dejó de ser hace tantas eternidades que no hay siquiera memoria.

Durmió con Alessandro Scarlatti en Nápoles, cantó sus arias y le rogó poseer el don de la belleza.

Maestro, le imploraba besando su mano, concédeme la gracia de amar sin duelo, de alentar la vida entre el páramo de mi vientre caduco, concédeme el privilegio de no sentir el daño.

Mirad ahora cómo contempla el cielo, el cielo desplomado sobre sus venas secas.

Piensa en el amor que no dio fruto, en hombres y mujeres que recuerda como Harold y Verónica pero no si existieron, si tan solo fue Hidalgo Caraballo el sueño de alguien distinto.

Y cómo no sentirse abandonado y olvidada cuando las estrellas siquiera existan, cuando las estrellas no son sino el recuerdo de que millones de años atrás, cuando Hidalgo Caraballo desconocía que el amor siempre cobra peaje, habitaron un cielo que quizás, y solo quizás,
guardase un atisbo de esperanza.

Peculiaridades de Hidalgo Caraballo (I)

A veces, escribe solamente
para recordar que aún existe.

Cuando la vida comenzaba a crecer dentro de Verónica, ella comía fruta a todas horas para calmar las náuseas. Comía fruta arrancada de los árboles, igual que más tarde le fue arrancado a ella su fruto inerte de las tripas.

La náusea se calmó después de aquello. Pero nunca regresó el hambre de comer fruta. En cambio, le creció un amor voraz hacia los árboles. Tan inmenso era su amor que fue como su espejo, y de su tronco las raíces se extendieron hasta amarrarse a la tierra fértil, y le brotaron las ramas que crecieron hasta rozar el cielo en que habitaba.

No tuvo más remedio que vivir proyectando sombras en la superficie y bailando con las nubes al son de cada brisa revoltosa. Y ya no le importaba si era invierno o verano, si era árbol o vientre, o acaso espejismo. Su fruto fue, sencillamente, un montón de hojas secas con las que jugar.

Las cosas podían haber sucedido de cualquier otra
manera y, sin embargo, sucedieron así
MIGUEL DELIBES, *EL CAMINO*

Voy a contaros cómo Harold se convirtió en el ángel
frágil que todos conocemos,
cómo le sedujo la música de jazz y los cuartetos de
Beethoven,
cómo pintaba flores azules en las ventanas de los
rascacielos, y pisaba los charcos con el ímpetu de su
juventud intranquila.

De niño conocía el secreto de los pájaros, y eso le hacía
sentirse especial.

También, a veces, se encontraba triste, y soñaba que los
dragones y las serpientes acudían a infernales banquetes
de su inocencia.

Trataba de dar forma a las piedras, suavizar las aristas,
como si en ello residiera alguna terrible verdad.

Harold pronto aprendió a huir, a esconderse, a no
enfrentarse al miedo profundo que se acurrucaba bajo su
cama y le hacía dormir con un coche de juguete encerrado
en su mano infantil, presto siempre a la fuga, toda su
esperanza en el nuevo amanecer.

Jamás olvidará el día que huyó de su casa y al volver
su madre lo abrazó con fuerza, aquel cuerpo a punto de
derrumbarse a sus pies egoístas y ajenos,
su padre en el baño con la puerta cerrada a través de la
cual se colaban las primeras lágrimas que lo oía derramar,

avergonzado del dolor que causaba pero inmóvil e inerte ante él, sagrada figura pusilánime.

Quisiera marcharme donde las rosas florecen en invierno, le dijo un día a alguien que no fue Verónica, es incierta la espera, quebradiza la incertidumbre de mi corazón.

Aquella que no fue Verónica no podía contestar porque su boca era salada en las pupilas de Harold, y Harold era débil, y sus manos jamás podrían sostener ningún vínculo.

He anhelado la belleza en la oscura herida del piano de Duke, confesó,

y la tormenta mutiló todo lo que era deseable.

Cuando Harold se hizo adulto el miedo tan solo cambió de domicilio,

podríais cavar durante milenios y jamás encontraríais un pedazo sano de su locura,

hizo dos promesas en toda su vida y acertaréis si no depositáis ni un céntimo de confianza en él.

Como la noche avanzando en el desierto sin nadie que la espere, así se deslizaba exiguo en su pretendida grandeza, acobardado ante los rostros y las voces que le eran extraños.

Pero siempre mantuvo una fe sorprendente en el agua de los ríos, el agua helada capaz de perdonarlo.

Si no habéis amado jamás sin esperanza no podréis comprender el caos, la forma indeterminada de la lluvia en noviembre, el miedo atávico al día y sus fronteras,

habrá barro en vuestras rodillas pero nunca perdón,

habrá mezquindad

como hubo bondad en el corazón del mal hombre.

Harold fue cobarde, dibujó huidas en las nubes violetas, era dulce sentirse único y también dolía.

Fue declarado culpable por todo aquel que quiso juzgarlo, y no debemos inventar excusas, hasta los peces de los ríos abominaron de él una Navidad, lo más cerca que estuvo de estar muerto.

Pero nunca olvidéis que volvió de la noche infinita y posó sus minúsculas manos de títere en la hierba húmeda de los bosques, nunca olvidéis que jamás olvidó buscar la belleza de las flores azules que nacen de nuevo cuando acaba noviembre, que se sometió a su pena en la más fría prisión que podáis imaginar, que se arrojó al océano desnudo y fue devorado por los monstruos de lo profundo, que regresó de todo aquello incólume y purificado, que el huracán no consiguió doblegar a las gaviotas.

Así fue como Harold se convirtió en el ángel frágil que todos conocemos.

No hay más verdad que aquella que consigue consolarnos.

Hidalgo Caraballo leía los Salmos, y leía "solo un soplo
el hombre que se yergue, mera sombra el humano que
pasa",
    de fondo Barenboim danzando sus dedos sobre
baldosas blancas y negras,
    tras los cristales la lluvia violeta haciendo trizas las
nubes de un nuevo amanecer promisorio.
Yo que no creé vida ni a nadie condené al ocaso,
    que apago mis días con el vientre yermo y el hacha
inane,
    como la gaviota que acude al océano en las despedidas
me iré,
    y tenue destello será mi partida mientras me fundo
con el agua y la tierra
    y los bosques olvidan mis pasos y una nueva mañana
hace trizas las nubes y las pinta violeta
    y alguien lee los Salmos y se sabe minúsculo mientras
el día alborea indiferente,
    mientras una canción sin palabras devora toda la
belleza del mundo.

Verónica recuerda esto de su padre.

Recuerda cuando se vestía de payaso en las fiestas de cumpleaños y hacía reír a todos hasta llorar y el dolor de tripa como punzadas de vida adentrándose en la memoria. [*La vida nos traiciona y nos perdona por igual.*] Recuerda las búsquedas del tesoro en el descampado frente a su casa, aquel imaginario mar convertido en desierto y el mapa dibujado en un papel cuyos bordes quemaba con un mechero de plástico que siempre se perdía. [*Llorábamos cicatrices como los niños rotos.*] Recuerda cómo jugaban en las terrazas de los bares en verano a imaginar las vidas de los otros como si fueran un misterio las historias que ocultaban en sus miradas ásperas. [*Como los animales que habitan las cloacas y deshacen la noche a pequeños mordiscos, ávidos como huérfanos.*] Recuerda los bares. Los bares donde el alcohol se repartía desde el bolsillo de su padre a todos aquellos que compartieran sus risas tristes mientras el hielo del vaso de güisqui se tragaba poco a poco su voz de hombre alegre con color de hemisferio sur. [*El viento besa la ventana y los párpados ceden.*] Recuerda esconderse debajo de la cama con su novio de instituto su padre borracho de ginebra o de güisqui o de brandy golpeando la puerta y la furia en su aullido ronco dejadme entrar la concha de tu madre y ella temblando con las llaves en la mano y la otra mano agarrada a la mano de su novio adolescente. [*Tal vez, si abrieses la jaula, no sabría cómo escapar.*] Recuerda sus días lúcidos y sus días de artista romántico vagando por las calles hasta caer dormido en el portal. [*Una noche de otoño aquel viajero. No volvió a ser el mismo tras la huida. Nadie supo jamás por qué su ausencia.*] Recuerda su último aliento en una cama de hospital con un dolor infrahumano el hígado reventaba y él llamando a su madre al otro mundo [*te absorbía con un murmullo traslúcido el plástico*] y después diciendo débil con el alivio de la morfina vamos a casa ya está vamos a casa [*quise traerte al sol desde el filo*] y poco a poco su mano enfriándose en la mano de Verónica [*mis manos de agosto eran lluvia arropando tus huesos gélidos*] la última exhalación y todo el amor allí en ese instante todo el amor perdonando aquel dolor de infancia rota y resucitada. [*Papá, no me escuchaste cuando dije tengo miedo. Habría sido hermoso si te hubieras quedado.*]

Cuando Harold era un niño y sus pupilas incandescentes
nenúfares que ardían en la noche,
    conoció a Alicia encadenada en un jardín sonoro,
    se hizo su siervo, como en un antiguo poema de amor
cortés.
    Y qué plegaria entonces creéis que daba forma a su
boca, qué miedo refugiaba en su cama y alimentaba noche
tras noche de locura y agua.

Los caminos que dibujas en tus manos me asustan,
decía su madre, harán que llegue el día en que te juzguen
por ello.
    No conozco los bosques, ni la voz que en ellos se oculta,
contestaba Harold, tan solo balas con alas de mariposa
que nunca llegan a alcanzarme.

Pero no hablaba de los pájaros que se lanzaban al vacío
tras el cristal oscuro de su almohada,
    ni del día en que el cielo de rodillas le agarró la cabeza
mientras sin fuerza le enseñaba a llorar.

Busco las cáscaras de nuez que ha dejado Alicia en el
camino, escribió en una gota de lluvia que nunca volvió a
encontrar.
    Solo soy capaz de inventar laberintos, de no dar alcance
a mi corazón que escapa entre mis dedos,
    juro que no hallarán mi cuerpo entre las flores, ni
encerrado en el papel que se arroja a las nubes.

Solo quiero no nacer y dejar de haceros daño.

Solo quiero no nacer y que cubra mi recuerdo la nieve.

PECULIARIDADES DE HIDALGO CARABALLO (II)

Le gustaba tener muchos amigos
para poder disponer siempre de alguien
a quien poder traicionar.

Los ojos como Clara Bow

Había dormido en hoteles baratos de Helsinki, Viena
y Estambul,
había amado y olvidado a hombres y mujeres en Praga,
Stuttgart y Oporto,
había improvisado poemas a orillas del Rin, el Order
y el Volga.

Europa contiene parte de mis nombres, solía decir,
pero ya he detenido todos los relojes.

Cuando Hidalgo Caraballo fumaba cerraba los ojos
como Clara Bow.

No hay más verdad, solía decir, que aquello en lo que
crees.

Y todos, Harold, Verónica y todos los demás, no podían
dejar de creer.

La maldición neuroquímica

Existe un mes que todo lo domina
en la agenda en la que Verónica anota sus dudas.
Es el mes de los derrumbes y los desiertos.

No existe una sed más persistente
que la de estos días de tránsito
a los destinos vacilantes e inseguros,
o tal vez,
es por la molesta pausa corporal
que generan algunas lluvias torrenciales.

Verónica tiene secretos como todas vosotras,
pero no sabe mucho de mentiras
ni es amiga de las traiciones.
Fue Desdémona
una vez,
también fue Dafne y Penélope.

Verónica no come fruta,
pero juega
con las hojas secas de los jardines.
La vida guarda luces escondidas
una vez
que atraviesas los puentes.

La cuerda floja ya no asusta a Verónica.
Aprendió a dominar el vértigo
con el abrazo sutil de la esperanza.

À Chloris

Reynaldo y Marcel cenaron un día en casa de Hidalgo
Caraballo.
    Bebieron vino de la región del Loira,
    escucharon unos discos de Saint-Säens,
    leyeron unos versos del Dante en italiano.
    Grande era el gozo de saberse juntos los tres e
inseparables,
    pero a medida que avanzaba la velada
    Reynaldo su semblante fue agrisando
    y cada vez más taciturno se mostraba a las bromas.
    Marcel, con la angustia del que no soporta ver
    el atisbo de la pena en el rostro de aquel a quien ama,
    tomó de la mano a Hidalgo Caraballo y le pidió que
tocara À Chloris.
    Ante la mirada contrita de su autor
    comenzó a tocar la pieza más hermosa que existe
    y a cantarla mientras Reynaldo era traído por Marcel
de su exilio,
    repuesto poco a poco de su vagar oceánico.
    El tiempo cesó su señorío sobre ellos
    y juntos los tres volvieron como antes del miedo a ser
ángeles.
    Cuando se desvaneció la última nota Marcel besó a
Reynaldo,
    cuyos ojos cerrados incapaces fueron de impedir el
llanto breve.
    Nadie dijo nada y brindaron de nuevo por el amor,
    por la vida condensada en el tacto fugaz de un instante
feliz,
    por que hubiera un punto de retorno a la inocencia.

No prayers for November
TOM WAITS

Los años salvajes de Harold ya son historia.
El viento sopla enamorado de tentaciones,
pero ayer fue más que lluvia y todo aquí permanece.

Despertadme cuando hermosos muros blancos el
crepúsculo desplome,
cuando el ocaso sea algo más que una promesa,
en esta tierra fría mis huesos se desvanecen como sal
en el océano.

Harold canta canciones en trenes sin viajeros,
y afirma que solo cuando sueñas eres inocente.

Escuchad mis oraciones, le oyeron decir,
nada hay tan cierto como el árbol que desnudo aún se
yergue,
nada tan efímero como el día, el río y la gloria.

Dicen que con dedos rosados la aurora despertó al
cansado Harold
el día que juró amor eterno en noviembre.

Harold preguntó un día a Hidalgo Caraballo si conocía el secreto de los pájaros. "Si lo conociera", respondió Hidalgo Caraballo, "no sería tan secreto, ¿no crees?". Harold, no dándose por vencido, preguntó por la libertad y su precio, a lo que Hidalgo Caraballo respondió: "mientras creas que la libertad tiene un precio, seguirás siendo esclavo". Harold sorbió de su refresco bajo en azúcares y contempló la tarde cayendo tras los cristales de aquel café de Lisboa.

Cuando Harold escuchaba a Pat Metheny tocando the
moon is a harsh mistress
    era como si un viejo y querido juguete, que creyeras
perdido, apareciera justo debajo de tu cama
    y supieras, en ese preciso momento, que siempre había
velado por ti,
    así la canción en Harold, el perdido Harold que
dibujaba en el aire
    estrellas con los dedos, volutas mágicas de inocencia
suave.

Afuera el mundo era triste y enfermo,
caminos de óxido y barro cubriendo el trigo,
    bandadas de pájaros con picos de azufre y ásperas
plumas.
    Harold sentía miedo y deseaba que su madre lo
abrazara.
    No ocurre nada, Harold, jamás dejaré que el río te
encuentre.
    Olor a tabaco, sartenes y hogar.

Cuándo volverá la locura a marcharse, preguntó una
vez a Verónica,
    cuándo quedaré libre de lo azul, lo marchito.

Pero entonces la Luna era una amante cruel,
    los árboles se inclinaban bajo su ventana y las hojas
pintaban de verde su cuarto
    y Harold, el perdido Harold que nunca volvería a ver
a su madre,

cobijaba un cielo inmenso en sus manos
y era capaz,
podéis creerlo, era capaz
de seguir vivo y despierto un nuevo día.

Para todas las películas

Verónica esconde en su ropero
miles de palabras inéditas
pero aún no sabe cómo utilizarlas.

Juega a estirar sus sílabas
hasta romper las uniones y descoser
los trazos.

Harold la observa con ternura,
admira su forma agridulce de hacer
de la noche una batalla constante.

Ojalá pudiera dormir recostada en tus ojos,
piensa Verónica.

Juntos pasean en laberintos ilimitados
de sonidos y colores diversos,

saben sabotear los días más terribles
solamente con un poco
de contemplación compartida.

No hay nada como abrir un día nuevo,
desenvolver su gesto amable
de posibilidades inexploradas
y atesorar en un rincón de la alacena
kilos y kilos
de maíz para hacer palomitas

y una mirada intacta que los salve
del temblor de cada nueva derrota.

En tiempos pretéritos Harold había amanecido sin
sombra, ¿lo podéis creer?

Como en un cuento de Gógol, todas sus neuronas
navegando risueñas los procelosos mares del alcohol,
    pintando con sus labios las ventanas de los rascacielos,
arañando con sus pestañas las nubes de espuma que
llovían ámbar.

Había mujeres cerca de él pero él era un mendigo,
había estambres acallados con su gruñir de ciervo, las
uñas se le congelaban en cada memoria.

En tiempos pretéritos Harold era lo que podríamos
llamar un pequeño traidor.

Cuando el océano rugía le gustaba contar los días que
faltaban para dejar de existir,
    no sabía qué hacer con el amor verdadero.

En tiempos pretéritos Harold solía llorar y bailaba en
círculos púrpura,
    no planchaba sus camisas porque le era indiferente
cómo encontraran el cadáver,
    algunas personas que lo vieron bajo lunas pálidas
cuentan aún que había humedad en su sonrisa, muros de
plumas en sus pupilas blancas.

Los hombres nacen y mueren y son olvidados, no hay
decadencia ni gloria en una vida.

En tiempos pretéritos Harold creía en un dios de arena
y marfil, de algas y luna,

y nadie creerá que hoy es más puro, hace tiempo que vendió su corazón a las flores.

Pero escuchad, su voz aún resuena, en la boca cosida al aullido, en la sangre de la matriz enferma, en los llantos de los niños que nunca nacieron

y tiene esperanza.

VERÓNICA AMA LOS ÁRBOLES
Y SE ENAMORA DE HAROLD

Verónica ama los árboles deshojados porque saben cómo renacer después del invierno. La tristeza de sus ramas desnudas abriga la mirada igual que los primeros rayos de sol al despertar. Harold era un árbol deshojado cuando Verónica se enamoró de cada átomo malherido de su ser. Lo abrazó cuanto pudo para transmitirle el calor de su luz diminuta y la humedad tibia de sus propias raíces.

Harold es un árbol cuyas hojas frondosas llegan hoy a rozar la luna en las noches serenas del verano. Verónica, en sus ramas, construye un nido. No hay nada más apacible que abrazar un árbol —piensa Verónica— y sentir cómo la savia alimenta su cuerpo hasta hacerlo lluvia donde descansar.

Segunda parte:
Brumario

he de volver a mis huesos en duelo,
he de comprender lo que dice mi voz

ALEJANDRA PIZARNIK,
EXTRACCIÓN DE LA PIEDRA DE LOCURA

ÍTACA

Quise escribirte algunas palabras vivas
que pudieran despertar
aquella risa acalorada a altas horas nocturnas,
pero tuve que detenerme, otra vez,
apresada en estos huesos rígidos
hasta que el mediodía devolvió a mis piernas
la dignidad del movimiento.

Quise decirte, otra vez,
que escaparemos juntos
de todas las guerras que nos habitan,
que existen puertas entreabiertas en todas las calles
de nuestra enlazada muerte,

que esta autopsia diaria nos anestesia
y el libro es, quizá, el único rescate
que pedirán por nuestra sangre estéril
y, mira, podríamos vivir eternamente
en cada página.

En casa la soledad nos arrincona,
esa ausencia es la que nos consume.
Creemos en su fe, devoramos sus vacíos.
Esa ausencia nos escuece y tiritamos
por el frío de la piel, ya sin costuras.

Descansamos y el silencio nos abriga
a la luz de las bombillas apagadas.
Somos dos aves en su nido
incubando una alegría, al fin, legítima.

Así es como comienza este camino
en el término de un viaje a las promesas
esperando a que regrese el héroe intacto.

Tú y yo, así, somos retorno.

Tú y yo
somos Ítaca.

SALVACIÓN

Prometo tus pasos seguir allá donde el valor te obligue
a adentrarte,
danzar dormido entre nubes eléctricas,
incólume atravesar tormentas y añoranzas,
ser parte del apocalipsis cuando los alienígenas vengan
por nosotros,
Verónica y Harold haciendo pintadas en el metro,
tristeza y voluntad a partes iguales.

Prometo no pronunciar en vano mis derrotas,
como un murciélago colgar de tus pestañas cuando la
vida te duela,
yo que te imaginé blanca como el cielo cubierto de
otoño
cuando ardían los caminos en el instante púrpura
y algunos perros husmeaban los escombros más allá de
la cuneta,
tal si en ello residiera su posibilidad de salvación.

Que alguien nos bendiga, podías escuchar,
que alguien cante a mi madre en las noches infinitas.
Pero aún había pruebas, troncos arrasando los caminos,
ciervos temerosos de los cazadores.

Prometo estar cuando ya no quede nada y todo implore
desierto,
yo que voz di a tu herida, tú que sin saberlo cauce diste
al manantial
cuando todo parecía sencillo, la mezcla perfecta de
audacia y aflicción.

Y así quebraremos este afán de deriva,
este tiempo oscuro de hospitales blancos,
y sanaremos la tierra herida por las tormentas
y seremos las flores espléndidas que nacen en los
límites del invierno.

Nos aferramos a la vida porque es lo único que realmente nos pertenece mientras vivimos. Pero, si soltamos el hilo, aunque sea fugazmente, se esfuma como una gota de agua que cae sobre la tierra árida. Así se suceden los días. Algunas veces, he asido el hilo de forma tan débil que podía casi sentir mi propia inexistencia.

J. Hidalgo Caraballo

MADRIGUERA

Nunca el mapa tendrá el mismo sentido,
igual que el río cambia siempre de rostro.

Ves cruzar a los animales en hilera,
siguiendo a quién sabe qué instinto primario,
y, desde la quietud de tu asiento, te preguntas
por qué no cesa este minúsculo desfile
hacia el hormiguero profundo,
por qué condenamos nuestras vidas
a este destino de insecto.

Somos héroes de lo amargo,
desde entonces.
Algunas personas se deleitan
con un poco de drama en el morral.

Pero sabemos acurrucarnos en silencio
cada vez que nuestra casa se derrumba;
y es así como sobrevivimos, en lo hondo,
a las noticias diarias.

Podría mirarte leer distancias infinitas,
escuchar tus lógicas y estúpidas teorías sobre el caos y
el abismo.
Nada impediría que mis alas ardiesen y como Ícaro
hiciera del mar mi último lecho.

Aquí llega un tipo normal, cantarían los peces y las
medusas,
todos los honores vanos serían para mis huesos.

Jamás reemplazaré la curva de tu espalda en el sillón,
a tientas guío mi torpeza y mi esperanza a cada
rescoldo de la vida que habito.
Como a un recién nacido habrán de enseñarme el
lenguaje nuevo,
juro aplicarme en la inocencia.

Los días pasarán y no serán dóciles,
malgastaré cada penumbra intentando cortejar flores
azules,
mi único deseo es llegar a ser mortal.

Y no bastará el dolor en este purgatorio inútil,
ni todo el amor que aún no he compartido.
A veces la vida sucede y nunca estamos preparados.

Es difícil sanar lo que queda de las propias derrotas. ¿Qué misteriosa naturaleza dota al ser humano de una extraordinaria voluntad ante el dolor? Llega la muerte y la tierra gira, como siempre, en el mismo sentido.

J. HIDALGO CARABALLO
(CUADERNO DE NOTAS)

Maldición del calendario

La fecha fortuita
era en noviembre.
Habría nacido
en el mes de la bruma.

Igual que nuestro amor
nacido en noviembre.

No hemos perdido un hijo,
tú y yo, amor,
no hemos perdido.

Toda una vida,
no el amor,
toda una vida
hemos perdido.

La fecha era en noviembre,
era el mes de la bruma.

Habría renombrado
cada otoño futuro.

Toda una vida
existirá este vacío.

No habrá alivio en el hueco
en el que un día
habitó.

La primera vez que estuvimos en la clínica las enfermeras fueron muy agradables, como si sintieran una lástima sincera que me incluía en una comunidad de hombres y mujeres derrotados y felices.

Había que rellenar papeles, muy sencillos, tan faltos de vida como el vientre de Verónica.

No encendimos la tele pero leímos.

El reloj como el barro en la trinchera se apelmazaba en nuestra garganta, impidiéndonos gritar.

Varias horas de hacer como si no nos importara,

Verónica tenía las manos frías, yo era un extranjero en su completa soledad.

Cuando entró en el quirófano no había nieve en el pasillo, ella aún era dos aunque fuera única.

El miedo colocó su pijama junto al mío y me miró comprendiendo,

tus brazos pueden ser fuertes como el tornado, me dijo, pero ha llegado el reino de lo abrupto, y nada de lo que hasta hoy conocías te será de utilidad.

Conté las baldosas del cuarto, pero no había belleza en su entramado, tan solo la demente idea de fingir conformidad.

Cuando Verónica estuvo de vuelta pasó un par de horas en reposo.

Ya está, fueron sus palabras, y ninguna gaviota se arrojó desde el tejado.

Sus manos heladas contaban diminutas despedidas blancas

y yo tan solo establecía el límite de la cordura y la tristeza.

Esa fue la primera vez.

Meses después otra clínica, la misma penumbra.

Con los escombros no puede erigirse un nuevo edificio,
tan solo un refugio.

Cuánto valor nos resta que aún no malgastamos.

DESPEDIDA

El quirófano es tan frío
como el líquido que se infiltra
por la vena de mi mano

y respiro profundo el gas hipnótico
que me inoculan

y en ese instante comprendo
que al despertar
se hará constante tu ausencia

y se hará constante en mi vientre
todo aquello que nunca
pudiste ser.

LOS NIDOS MALGASTADOS

Cobijas tu vientre vulnerable
bajo la manta violeta como en un atardecer.
Tus ojos oscuros conocen las batallas perdidas,
el desquiciado tronar de las alambradas
y la supervivencia exacta de la duda.

Yo leo de nuevo una frase,
me desdibujo como un soldado que deserta
y finjo ser quien te salva de la metralla.

Desprecio mi incapacidad para mirarte,
cada palabra de los nidos malgastados,
errar el camino de vuelta a la inocencia.

Porque bebes de la noche como de una charca
en medio de un descampado
recorres
mis trece mil rincones de oscuridad
y los veneras
como a una diosa ancestral
de los incendios.

Me marean las serpientes que sobresalen
en mi cuero cabelludo.

Me da pánico
que mires a este lado de mi rostro,
a la sombra que dibujan las heridas virulentas,

y tan solo en un vistazo
a mi figura de barro ennegrecido
se conviertan en piedra tus palabras

y tus ojos se diluyan sin remedio
en un pozo profundo sin edades
al final de este cántico sombrío
a la desidia
y la desesperanza.

NANA PARA EL HIJO NO NACIDO

Cántanos, oh, misterio,
la nana al no nacido.

Canta el dolor sangrado
del vientre minusválido
y de la carne extirpada a cuchillo.

Duerme, duerme, mi niño,
en la sombría quietud de la nada.

Duerme, duerme sin ser
en lo que queda de vientre vacío.

Arrebatado ya inerte del cuerpo
su estancado destino.

En esta carne vacía que queda,
ya se duerme,
                    ya se duerme mi niño.

TATUAJES

Yo no dibujé las dos estrellas minúsculas
que Harold lleva tatuadas
en su hombro
como despedida a la abundancia de los brotes
herederos de la lluvia de brumario;

solo las llevé en mi vientre
como dos lucecitas de aire,

como chispas de dos vidas
que nunca supieron palpitar.

No dibujé las dos estrellas,

pero Harold las atesora en su piel
como dos fuegos inmortales,

como si no haberlas engendrado
en sus entrañas,
no haberlas sentido vaciarse
de sí mismas,
fuera una condena a la deriva
hacia un lugar
sin un espacio propio.

Harold nunca sentirá el dolor
del vaciamiento,
el tránsito amargo hacia la muerte
de lo que nunca será vivo
en la materia.

Pero sus dos estrellas tatuadas
nombran la oquedad de su constante
sentimiento de culpa,

la culpa de aquel que no es capaz,
aunque lo ansíe,
de sentir este duelo permanente en el cuerpo,
la tristeza de una matriz deshabitada,
la incesante danza inerte
de la ausencia.

Verónica pide un deseo,
que el cielo se vuelva leche derramada.
Tras los cristales se oyen cláxones
y gente que olvida que un día morirá.
Haznos valientes, dibujan sus dedos en el vaho de la
ventana,
no nos conviertas en estúpidas promesas de nuestros
anhelos,
deja que juguemos tan solo un segundo,
después incendiaré de nuevo mi infancia.

Verónica no quiere que apaguen la tele,
sus amigos piensan en ella y se hace vieja,
hay quien jamás creerá en los dragones.
No dejes que mis pies sean raíces, susurra en sueños,
no dejes que un pozo anide en mi vientre,
prometo ser justa y no cazar albatros que se rindan.

Verónica ignora que yo la conozco,
mis manos son de barro que la lluvia derrite.
Haznos valientes, escribo con guisantes en mi plato,
no permitas que duerma, deja que mi vigilia
recuerde la enfermedad y las canciones,
no nos conviertas en estúpidas promesas de nuestros
anhelos,
deja que juguemos tan solo un segundo,

después incendiaré de nuevo mi infancia.

LA DELICADEZA

Duermes
con el rostro entumecido,
la mano tensa sujetando la frente,

tiemblan tus músculos de forma involuntaria
despertando a los ácaros
que cada noche nos asfixian.

Pareces tan liviano y frágil,
pareces tan triste

y no sabes que escribo sobre ti
mientras sueñas.

Cierro los ojos y te envío vibraciones de quietud,
pero es obvio que no existe la telepatía
porque tú y yo ya la habríamos dominado
desde el principio.

Deseo que despiertes colmado de luz
y que el silencio
sea siempre tu as en la manga.

Tus manos
se entregan fácilmente a la caricia.
Que tus manos sean entonces las puertas
a todos mis rincones más amables.

No se equivoca tu piel
cuando suave se desliza sobre los huecos

más oscuros
de mi memoria.

Resistencia

Todo el mundo cuenta que en tu infancia las estrellas se derramaban cada noche sobre los descampados,
y tus ojos de crepúsculo se aferraban aterrados a los cristales sucios,
y había madres que al acostarse sabían que aquella noche no, aquella noche no mientras ellas pudieran evitarlo.

El tiempo vuelve a construirse si mantienes la esperanza.
Eso es, también, lo que todo el mundo cuenta.

Nadie te dijo que fuera sencillo, nadie conocía tampoco tu demente instinto de supervivencia,
la luna tatuada en el centro exacto de tu amor inconcebible.

ALEGATO

Y yo que quiero ver
la lluvia de Perseidas
cada agosto
busco un lugar oscuro en el mapa,
pero nunca.

Para qué
–me cuestionas–.
Para qué
mirar pequeñas luces desplazándose.
Destellos de universo
en un microsegundo.

No entiendes la razón
de esta belleza en la noche.
Entregar la mirada
a la promesa imposible.

No son las estrellas
lo que busca el deseo.
Contemplar lo fugaz
es lo que importa.

GRIETA

Odié la belleza de los atardeceres,
cada hermoso lenguaje sostenido en un trono.
Las ciudades eran viscosas como el arrepentimiento,
los sombreros no nos protegían de las tormentas.

Si alguna vez escuchasteis mi palabra
sabed que hubo un día en que fui verdadero,
que tuve fortaleza y no penumbra,
ávida extensión y no carencia.

Toda grieta existe por su hueco,
su esencia la pérdida constata,
así a tu voluntad amanezco aferrado
como el cálamo a la piel
que a un tiempo hiere y libera.

Odié la belleza de los atardeceres,
tuve fortaleza y no penumbra,
ávida extensión y no carencia,
como un lacayo acudo a ti buscando noviembre.

Esto no es la renuncia.
Es una forma de anclar mi voz
a una existencia efímera,
constante devenir de sucesos en las páginas
de un periódico anticuado
y marginal,
un sortilegio casi indómito,
mil maneras de amarrar los futuros posibles
fuera de las cadenas.

Ausculto mis latidos con la fe de una científica
sin instrumentos para medir
todos los cuerpos.

En mi vientre despoblado
enmudece mi rencor hacia la nada.

La espera no es espera
cuando ya se han descompuesto,
inamovibles,
todas las impresiones de un destino tan ajeno
como una huella de aire
borrada en la orilla.

Confieso que siento un gran placer en las orgías de preguntas sin respuesta. ¿Cómo, de esta guisa, permanecer en esta alquimia de palabras que cortejan con torpeza lo inefable? Atravesamos el papel con cierto regusto a voces clásicas insertas en nuestra psique, como los pequeños clavos de la trasera del armario. Así nos salvamos de los demonios, en la locura de la huida.

J. HIDALGO CARABALLO
(CUADERNO DE NOTAS)

LA OSADÍA

Y reírnos ante una frialdad
que nos aterroriza,
audaces como ratones
que salen de la madriguera
cuando el ave rapaz
sobrevuela los campos,
porque es verano siempre
bajo nuestras sábanas.

CANCIÓN DE *BRUMAIRE*

Cantaremos mañana, igual que hoy,
todas nuestras nobles derrotas,
los surcos vitales que sorteamos con esmero,
con la tenacidad de las tortugas
que cruzan el océano hasta la playa.

Abriremos la grieta hasta hacerla hueco
donde anidar.

Me verás sacarme las espinas
de la garganta abierta.

Recorrerás mi piel ajada y leve
en el abrazo de los héroes vencidos.

Me dormiré en tu regazo
después de nuestra lluvia
y, como aquel noviembre dulce
del comienzo,
el paseo será puerta de un destino
ya libre de naufragios.

Porque somos los dueños de los días
que trazamos con nuestro canto ritual,
nuestro canto de homenaje
a lo que queda.

Cantaremos, al fin,
juntos y despiertos
en el idioma de los pájaros,

como dos niños que huyen sobre las ruinas
de una batalla salvaje,

hilaremos nuestro himno
a la supervivencia.

II. Habitantes del légamo y la bruma

Sin bruma no hay lugar

Santi Balmes (Love of lesbian),
Canción de bruma

Todos moriremos en el intento. Y, sin embargo, este determinismo fatal no resta valor a nuestras idealistas luchas contra lo inexplicable y lo terrible de la naturaleza humana. Porque, es así, también todos ganamos una vida en el intento.

J. HIDALGO CARABALLO

¿Quién fue J. Hidalgo Caraballo?

Nadie supo nunca su nombre de pila, únicamente se conoce la letra inicial. Deambulaba por los cafés literarios liderando todas las tertulias. A veces se formaban tumultos en los más retirados antros de la noche para escuchar sus charlas. Hablaba sobre libros y sobre los poetas a los que había tenido la desgracia de conocer. En ocasiones, recitaba poemas de memoria, filosofaba en voz alta sobre la vida y comentaba las últimas noticias de los círculos intelectuales y los ecos de sociedad. Se decía que vivía de traducir poesía extranjera; sin embargo, nadie vio nunca ninguna de sus obras. Jamás escribió un libro propio, pero sus seguidores más fieles anotaban cada una de sus palabras. Por eso se conservan reunidos sus poemas y sus memorias en un solo volumen publicado de manera póstuma por una pequeña editorial local, del que solo se vendieron treinta y siete ejemplares. Hay quien piensa que fue un acto de traición por parte de sus fieles permitir que este libro saliera a la luz. El resto de la tirada fue destruida una vez descatalogado. Años después, Hidalgo Caraballo apareció en una antología generacional que catapultó a la fama aquellos textos. En ella se recogían, además, algunos detalles de su peculiar biografía y varios fragmentos de un cuaderno de notas encontrado tras su muerte. Desde entonces, los pocos ejemplares que circulan del viejo volumen recopilatorio que sus discípulos elaboraron son considerados reliquias de coleccionista. Es casi imposible acceder a las palabras que tan cuidadosamente recogieron aquellos que fueron testigos de su lucidez. Tan solo nos queda la certeza de que Hidalgo Caraballo existió y que, aunque nunca quiso que nada suyo fuera publicado, de cualquier forma, dejó una huella imperecedera en nuestra memoria.

El verbo, que relincha sus exigencias indómitas, nos acorrala en un desolador final de partida. Somos animales de palabra.

J. Hidalgo Caraballo

Poemas de Lee W. Morrisey

(Traducción de J. Hidalgo Caraballo)

I

> *Por su error poco aquí permaneció;*
> *por su error en llanto y en angustia*
> *cambió honesta risa y dulce gozo.*
> DANTE, *DIVINA COMEDIA, PURGATORIO, XXVIII*

Cuando el diablo era bueno conmigo
los atardeceres resultaban invencibles,
los caminos morían entre bosques de las más oscuras
respuestas,
de las fuentes tibia la esperanza manaba,
bolsillos enfermos que mi madre no pudo coser.

No se rendirá este miedo que me habita,
recojo la ceniza de mi antiguo afán de ser belleza
y bajo la almohada construyo un fuerte de gaviotas,
    un barco insumergible, notas fallidas de una vieja
canción.

Cómo regresar si perdí las migas tras el humo,
    a veces noviembre te sepulta y mis manos desbaratan
el día.
    Cómo recoger la belleza en los charcos, la luz tras la
codicia,
    el vuelo azul de tu imagen clara.

Que nadie finja sorpresa al encontrarme,
espacio no habrá para los héroes, tan solo indómitos
caminos y bosques arrasados.
Son tristes las ciudades sin aurora.

En las calles menos transitadas guardaré el otoño por
si un día
amanece y somos, pureza yo en mi locura
y ella primavera.

2

Después del combate la lluvia
tiznaba el aire salobre.

Había una hermosa mujer
y había un hombre hermoso,
ambos creían en la oscuridad.

Sus nombres han sido olvidados
mas no sus derrotas,
fútiles sueños en el maletero del coche.

Decidme si habéis visto llorar a una luciérnaga.

Decidme si alguna cosa bella es indestructible.

3

Las ciudades se ocultan,
mi historia saben de pecado y condena,
ni siquiera el amor bastará para absolverme.

Si alguna vez amé juro que no fue en vano,
que había silencios en mis tormentas,
lunas de amapola emergiendo del caos.

Qué mar aspirar que semeje perdón.
Mis faltas como el liquen a la roca se adhieren a mis
ojos
y ya mirar tan solo sé con pesadumbre.

Las ciudades se ocultan,
mi historia saben de pecado y condena,
ni siquiera el amor bastará para absolverme.

4

Cuando los cerezos florecen
hace miles de años
y las naves espaciales aún están demasiado lejos de aquí
acudo a tu recuerdo e intento ser alguien mejor.

Diminutas manos llevarán tu nombre para siempre,
cada cierto tiempo habrá un viejo periódico que
indique una fecha exacta,
saben de mí en todos los tejados y los bosques.

Cuando el trigo anuncie la noche oscura y demente
y los niños no me reconozcan en las esquelas,
todo estará equivocado
y yo habré de pronunciar la postrera despedida.

La luz, como senda que recorre el universo,
no tendrá dominio,
para siempre habrá un Dédalo en busca de alas,
la luna silenciosa que me hizo intentar ser alguien
mejor.

La estrella Earendel es la estrella más lejana jamás
vista. Nació cuando el universo solo tenía 900 millones
de años, explotó y dejó de existir hace millones de años y
su luz tardó 12.900 millones de años en llegar a la Tierra.
Su nombre proviene de la mitología de Tolkien, y está
situada en una galaxia con forma de media luna llamada
Arco del Amanecer.

I

Conocéis la bruma que se adentra en el bosque
hasta ocultar las ramas que incapaces
se yerguen en busca de la luz, a través de la espesura
y el germen de la incontenible oscuridad.

Y el bosque, ya viejo y cansado,
    no es sino refugio de esa penumbra tantas veces
avistada
    y al fin vencedora a toda desobediencia.

Y qué tristes y vulnerables nos parecen entonces los
robles antiguos,
    los álamos esbeltos y los lánguidos sauces,
    trémulos ante la bruma infinita que los envuelve.

Y ya no habrá caminos por los que adentrarse
    en esta nueva sombra destructora como el invierno,
    el bosque no recobrará su vida pretérita,
    los árboles no sabrán del liquen ni del musgo.

Conocéis esta bruma, la habéis visto avanzar como un
ejército
y habéis sentido el miedo de los desvalidos,
sabéis que ni en un millón de años volverá la luz a los
antiguos pobladores del bosque.
Debéis recordarlos, ahora que ellos ya os desconocen.

2

En el cielo brilla una luz que ya no existe.

Nadie lo comprende.

Cómo es posible que sea lo que ya no podrá ser,
así el bosque pervive a pesar de la bruma,
así los hombres son y no lo recuerdan.

Pero quizá sea esa luz aquello que perdura de lo que
un día fue
el tenue reflejo de una existencia agotada,
quizá en los hombres que han olvidado
subsista el brillo que los hizo ser únicos.

Quizá no habrá en nosotros morada para el miedo.

3

Padre, cuando me desconozcas quién seré,
quién habrá para resguardar del olvido mis primeros
llantos,
quién quedará que me nombrara al principio como el
hombre nombró todas las cosas,

tras tu mirada el vacío a través del cual contemplarme,
y eso me asusta.

Padre, cuando me desconozcas quién seré.

Nunca aprendemos a ser supervivientes.

I

Un día recordaréis a vuestro padre y vuestro padre
habrá sido enterrado y olvidado por todos aquellos que
lo sucedieron.

A qué tanto llanto por lo que el hombre no puede
evitar ni tiene imperio sobre ello.

Un día llegará en que vuestros hijos sean canos
ancianos de memoria inhabitada que ni de vosotros
tengan recuerdo, y vosotros habréis dejado de existir hará
tantas lunas que nadie quedará que os conociera,

es el absurdo ciclo eterno de la vida, el castigo al que
todos condenados somos sin juicio.

No os rebelaréis porque habréis dejado de creer en
los dioses que vosotros mismos inventasteis, y a quién
jurar entonces venganza, a qué triste figura yerta clamar
vuestro desconsuelo,

no sois sino vástagos de un atroz juego en el que nadie
nunca resulta vencedor,

no sois sino figuras de cera que al contacto con la vida
como el aire se diluyen,

y aún creéis que tú eres distinto, tú que morirás y nadie
habrá de recordarte,

tú que ya estás muerto
y ni siquiera lo sabes.

2

Danzad voluptuosos como la abeja que atisba una flor
que habrá de alimentarla,
esa es la urdimbre de vuestra naturaleza, la huida
frenética e inconstante hacia la nada.

Amaos como raíces que absorbieran ávidas el agua
entre la tierra,
semejantes a la lluvia arrojada a las montañas que al
cielo volverá en un ciclo perpetuo.

Nada os detiene en vuestra frágil consistencia, sois
los bufones que entretienen a las criaturas cuya necedad
natural les impide comprender que nada importa salvo
ser.

Sois la clave grotesca de la existencia.

1

Existen mil mundos posibles
sobre el asfalto.
Hoy vamos a bailar
hasta que a dios le dé vergüenza.

Retomo las palabras como brújulas rotas.
Mirar las estrellas no es lo mismo
desde que somos tan inmortales.

Odiaré a partir de hoy
los calendarios.
Os veo y me tapo los ojos
para no darme cuenta de lo terrible
de nuestra idéntica mirada.

Confiad en todo aquel que haya sido
derrotado.
Dejad en tierra aquello
que os impida arder.
Veréis a través de los ojos
del mundo.
Escribiréis por fin sobre mí.

2

Un alunizaje sería entonces lo oportuno.
Conozco la huida pero he regresado.
Toda la ciudad es un Guernica de piedra
tallado por pequeños artesanos del dolor.

Los pájaros desbaratan nuestros planes
y no quedan palabras
que nos cobijen.
Lanzaremos dardos a la noche
y comeremos todas las sobras
que abandonan los gatos.
Acabarás con toda mi tristeza.
Vendrá la lluvia y todos
pondremos nuestros sueños en barbecho.
No hay un árbol que resista un suelo estéril.
Pero cómo sentimos la vida
es lo que queda.

3

Una vez comí sobre un tejado llovido
y todo sabía a nube muerta.
Hay un naufragio consumado
en todos los amaneceres.
Pero ayer no fue real como esta noche,
ayer no fue la vida.
Finalmente aprendí el consuelo dulce
en el acto de escribir la derrota.

4

El mundo era un lugar hermoso,
lo habíamos aprendido en las canciones.
Oculto cada derrota
en el fragor de un solo latido.
Me pregunto si en la lluvia
encontraré la redención.
Dichoso aquel
que aún no ha sido traicionado.

Del ciclo *Taliesin*

Estos poemas pertenecen a un ciclo de poesía simbolista que bebe directamente de la poesía galesa antigua, que Lee W. Morrisey conocía probablemente de sus inacabados estudios universitarios. En la literatura oral galesa medieval el manzano es símbolo de la inmortalidad poética, y la palabra que designa al haya tiene la misma raíz que "letra" y "literatura".

1

Yo que combatí en el campo de Godeu Brig,
a mi lado el abedul y el sauce,
consolando al bosque de copas infinitas,
yazgo ahora bajo lanzas de haya perfiladas
que arrancaron la raíz de mis frutos no nacidos.
Dejad, oh habitantes del légamo y la bruma,
que el espíritu que exiliado partió de mi corteza
descanse para siempre vuelto ceniza
bajo el tronco de algún venerable manzano.

2

Fui bosque y savia mansa brotaba de mis brazos,
del helecho todos los secretos supe y custodié,
las flores de la ortiga se aliaron con mis verdes e incansables hojas
y tímidos castaños fueron cifra de mis versos.
Por eso ahora que el invierno llega

cobijo imploro a la espesura cálida,
no permitan que la nieve ni el ocaso derrumben mi
ramaje,
ni que se pierdan para siempre las trémulas semillas
que preservo.

3

Mis hijos no nacieron del fresno ni del sauce
sino que hijos fueron de la noche blanca y el vacío,
yo que combatí y fui bosque y alimenté las hayas que
me hendieron.
¿No regresarán al árbol sus raíces que la yerma tierra
someten?
¿No vendrán los días en que el manzano se enseñoree
del mundo?
Estéril es el bosque caído en la batalla,
compartid conmigo el llanto del que no germina vida
y sed vida de nuevo en otro campo y otras flores.

De ciclo *El Reloj del Apocalipsis*

El Reloj del Apocalipsis es un reloj simbólico que fue creado por el *Bulletin of the Atomic Scientists* de la Universidad de Chicago como alerta del peligro nuclear. En su singular analogía, la especie humana está siempre a unos minutos de la medianoche, representando esta la destrucción total de la humanidad. A la alerta nuclear se han ido sumando a lo largo de las últimas décadas otras amenazas como el cambio climático o el peligro del mal uso de las nuevas tecnologías y del desarrollo científico, que podrían causar daños irreparables. El reloj se actualiza acercando o alejando sus ficticias manecillas a la hora final según los peligros reales de cada momento histórico. Numerosos artistas, escritores y músicos han hecho alusión a este peculiar símbolo apocalíptico en sus obras, aunque fue Lee W. Morrisey quien desarrolló el más célebre ciclo de poemas alegóricos sobre el tema, en el que abordó la cuestión de la inevitabilidad de la catástrofe y el empeño de los seres humanos por aferrarse a la esperanza de una inmortalidad irrealizable. En su denuncia lírica, Lee W. Morrisey defendió como única posibilidad de salvación la construcción de un nuevo paradigma utópico en el que la confirmación de la teoría del multiverso eliminaría toda posibilidad de inexistencia.

I

¿Cuántos minutos de existencia
hasta alcanzar
la última medianoche
en el Reloj del Apocalipsis,

en el que el tiempo es solamente
un aviso
y nadie sabe calcular con precisión
el movimiento inevitable
de sus manecillas?
Tal vez,
lo único que nos queda
es el gesto sublime de los cisnes,
y simplemente cantar mudos a los árboles
y a todos los escombros que habitamos
en el foso desvalido
de la esperanza.

2

Tras guerras inmaculadas, tras caníbales noches de
furia
en que se escucha feroz el tic tac que se repliega al
desaliento
de la tierra vencida,
esta lluvia inmortal se derrama cálidamente
sobre los bosques de lugares recónditos
más allá de este plano de existencia,
donde infinitos crepúsculos ofrecen
verdes promesas de una vida sin la condena de lo
efímero,
sin el trueno insensato de los dioses creados
de la nada,
en la llama escondida de una lumbre que nos alimenta
con el sabor silvestre de la memoria
que teje punto a punto con su imagen de nosotros
un amor innombrable que nos reconstruye
en una realidad indestructible.

3

No lloréis, dijo el sabio,
no existe ese abismo perpetuo
del que huís con acritud.

¿Dónde vais? Es aquí mismo
donde os espera la dicha,
en esta flor de manzano,
en esta copa de aire,
en este lecho de lluvia
imprecisa y enjuagada.

Quedaos, y seréis hombres
y mujeres ya sin luto
en una tierra jugosa
sin espadas ni regencias.

1

Las palabras solo existen en algunos idiomas.

Yo no sé escribir la noche como las niñas buenas
pero todo lo que toco escuece.

Habéis visto crecer sin tregua alguna las gaviotas,
agua seca en las pupilas de los búfalos blancos,
altares en los templos de la noche.

Consigo creer en manos que aferran nubes
pues algo verdadero es siempre indestructible.

2

Ha de haber un mundo capaz de no incendiarse,
sin el eco asalvajado de este mar.

No pondré ya fecha al esplendor de la noche,
no habrá redención en este mundo cansado,
tal vez nos redima el silencio,
lo memorable y lo único.

3

La noche ha dispersado todas las voces.

Y fuiste real como la lluvia,
capaz de eternizar la luz de una sola estrella
de la noche sublime de noviembre.

Pero el amor no es un asunto de dioses,
ni siquiera la lluvia se atreve ya a rozarnos.

Jamás seremos para siempre tan hermosos.

1

Es la hora de rugir bajo el volcán
—como en los tiempos antiguos del viajante
con delirium tremens—.

No permitir más esquelas
secuestradas por las noches
de banquetes anónimos.

Es la hora de gritar ante la lluvia.

No existe el rencor.
Existe el miedo
a recaer
en la trampa permanente
de la herida.

2

La sed
no es un vacío,

es la llamada salvaje
del agua
queriendo regresar al agua

porque solo el retorno a la unidad
es capaz de devolver al cuerpo

todos
los paraísos perdidos.

3

Mi cuerpo se desvanece

                    justo aquí.

Lo escucho temblar
ante un rumor ligero de inexistencia.

La espera es vacua.
Nada más que una alucinación caprichosa
sostenida en los espejismos
de una sed inagotable de lucidez.

La caída no será tan dura sobre la arena
silenciosa y templada
de un invocado destierro
habitando la quietud que nos abriga.

4

Orbitamos en círculos permanentes
alrededor de un planeta de claroscuros
que sofoca incluso a los escorpiones.

Nos escondemos en nuestros nidos de avispa
cimentando poco a poco cada pequeña historia
cuyo final
siempre es el mismo.

Y nos recostamos sobre la hierba húmeda
de las páginas que invaden nuestro hogar
poblado de miradas inmortales.

Así, encontramos refugio
en la belleza inocente
de las cosas.

5

Brotan las palabras vaporosas.

El sueño me vence con su piel de musgo.

Juegas a respirar la vida
con todo el cuerpo.

Me recuesto junto a ti
y cierro los ojos.

Regreso a ser solo un animal
que deambula herido por la calzada,
sin rumbo aparente,
hacia un horizonte lúcido
como aquel del final
de Tiempos Modernos,

de tu mano,
nada más en la maleta.

Únicamente nosotros
éramos el trayecto
y el punto exacto
de llegada.

Jamás sabremos cómo el lenguaje nació de nuestra conciencia. Tal vez, nunca existió más que en la imaginación de un animal herido.

J. HIDALGO CARABALLO

Índice

Este libro se terminó de imprimir
en noviembre de 2024

RIL® editores • España

europa@rileditores.com

Se utilizó tecnología de última generación que reduce
el impacto medioambiental, pues ocupa estrictamente el
papel necesario para su producción, y se aplicaron altos
estándares para la gestión y reciclaje de desechos en
toda la cadena de producción.